N O T I C E

ÉLÉMENTAIRE

POUR LA

MAPPEMONDE CHRONOGRAPHIQUE,

NOTICE

ÉLÉMENTAIRE

Sur l'Origine, la Fondation et les Changemens qu'ont éprouvés pendant leur durée les Empires et États dont il est fait mention dans l'Histoire Ancienne et Moderne de l'Europe, de l'Asie et de l'Afrique ;

POUR SERVIR

A l'étude de la Mappemonde chronographique *de l'ancien Continent.*

Publiée par M. CHANTREAU.

Ouvrage destiné aux lycées, aux Écoles Secondaires et à toute Maison d'instruction, comme un moyen propre à faciliter l'acquérir les principales données de l'Histoire.

PARIS,

Chez LAGOUR, rue Christine, n.º 3, division du Théâtre français.

═══════════════

An XII.—1804.

PRÉFACE.

L'USAGE des Tableaux employé aujourd'hui avec tant de succès, dans presque toutes les branches d'enseignement, prouve, d'une manière évidente, que le moyen le plus prompt de faire saisir à l'esprit les documens qu'on lui présente, est de les offrir aux yeux d'une manière sensible.

C'est le but que je me suis proposé par la *Mappemonde chronographique* que je viens de publier.

J'y ai joint une explication sommaire qui en facilite l'étude, et je pense qu'avec cette Notice et la

Mappemonde, il n'est point d'instituteur qui ne puisse enseigner à ses élèves, en très-peu de jours, les principales données de l'histoire, relativement à l'origine des peuples, la fondation des États, et les changemens de domination qu'ils ont éprouvés pendant leur durée.

Il ne faut que jeter un coup-d'œil sur la Notice et la *Mappemonde*, pour se persuader qu'il n'existe pas de procédé plus expéditif, et qui exige moins d'application pour l'étude de l'histoire.

Voici la manière d'en faire usage. On placera la *Mappemonde* dans la salle d'instruction et on la fera expliquer par colonne aux jeunes gens, par le moyen de la Notice, qu'il faut leur faire apprendre par cœur.

Comme par la construction de la *Mappemonde*, les États changent de couleur en changeant de domination, il arrive que l'œil saisit sur-le-champ ces différens changemens, et que la Notice en fournit les détails et les circonstances.

Je puis assurer, par expérience, qu'on en apprendra plus en huit jours par cette Mappemonde que par tout autre moyen, en employant cent fois plus de temps et d'étude.

J'ose présumer aussi que les personnes instruites ne dédaigneront point notre *Mappemonde*, parce qu'elle peut leur rappeler, dans un instant, ce qui seroit échappé à leur mémoire.

On a déjà publié quelques cartes ou Mappemondes historiques à peu-près pareilles à la mienne ; telle est, notamment, celle de *Barbeau de la Bruyère*, mais elle est trop chargée, trop compliquée, et l'œil se perd dans les détails immenses, et souvent minutieux, qu'elle offre.

Je crois la mienne beaucoup plus simplifiée et de plus facile compréhension ; je ne présente que les grands traits et les époques des grands changemens ; cependant je n'ai rien laissé ignorer au lecteur, parce que, dans la Notice, j'ai jeté en note une foule de traits historiques relatifs aux détails dont je n'ai pas jugé à propos de sur-charger ma Carte.

Cette notice forme un petit Cours d'histoire, qui peut servir d'introduction à l'ouvrage inti-tulé : *Science de l'Histoire*, que je viens de publier, et aux Ta-bleaux historiques de M. le Sage.

TABLE ALPHABÉTIQUE

Des Empires et États dont il est parlé dans cette Notice.

———

NOTICE

N.OTICES

SOMMAIRES

Pour servir à l'intelligence de la Mappemonde chronographique.

~~~~~~~~~~~~~~~~~~~~~~~~~~~~~~~

AFRIQUE. 1ère. *Colonne.*

On ne parle ici que de la partie de l'Afrique connue par les Anciens ; parce que sur les autres on n'a que des notions très-peu certaines, et qui n'entrent presque pour rien dans l'Histoire.

———————

L'Afrique est primitivement habitée par les Lybiens, les Africains, les Maures et les Numides; d'où se forment la *Lybie*, l'*Afrique* proprement dite, la *Mauritanie*, et la *Numidie*

1

En 1250 av. J. C., une colonie de Tyriens conduite par *Cartecho*, passe en Afrique et y bâtit Carthage, qui n'est d'abord qu'un petit État, contenant une partie de l'*Afrique* proprement dite, et de la *Mauritanie*.

En 869 av. J. C., *Didon*, forcée de fuir des États de *Pygmalion*, aborde à l'ancienne Carthage, la réédifie, et étend ses États. Elle passe, selon plusieurs Écrivains, pour avoir fondé cette ville, et c'est sur le poème de l'Énéide que s'établit cette opinion.

L'Empire des Carthaginois devient la puissance domrnante de l'Afrique, et ces peuples, d'abord commerçans et ensuite guerriers, portent leurs armes en Europe.

En 503 av. J. C., ils s'emparent d'une partie de la Sicile, qu'ils possèdent jusqu'en 237, d'où ils sont chassés par les Romains.

Carthage devient la rivale de Rome et succombe sous ses coups. Elle est détruite par Scipion l'an 146 av. J. C.

Depuis cette époque, les Romains restent en possession de la majeure partie de l'Afrique.

Mais en 439 de J. C., *Genseric*, Roi des Vandales, qui s'étoit établi en Espagne, passe en Afrique, et y fonde un nouveau royaume de Carthage.

Sa famille y règne jusqu'en 535, que cette partie de l'Afrique est reconquise par Bélisaire.

En 640, les Sarrasins s'emparent de la côte d'Afrique.

Détail sur les Dynasties arabes qui s'y succèdent.

En 910, Abdallah-al'-Mohdi chasse les Aglabites qui régnoient en Afrique, et fonde la dynastie des Fatimites, dont la résidence étoit dans le Cairwan.

En 1051 , les Africains entrepren-
nent de secouer le joug des Arabes,
et sous la conduite de Techefien, de la
tribu de Zenhagian, ils portent leurs
armes de la partie méridionale de la
Numidie et de la Lybie sur les côtes
d'Afrique, Ils s'établissent dans ces
contrées, et les dynasties qui y règnent
sont connues sous le nom de Morabites
ou Almoravides.

En 1110, le principal Prince de cette
dynastie établit sa résidence à Maroc,
et prend le titre d'Empereur.

En 1116, la dynastie des Almohedes
détruit celle des Almoravides, et règne
à sa place.

Vers l'an 1430, ceux qui comman-
dent à Tunis et à Tripoli trouvent
le moyen de s'affranchir du joug de
l'Empereur.

En 1590, ces deux villes sont ré-
duites par les Turcs. Vers 1600, elles

obtiennent de la Porte d'élire elles-mêmes leur. Bey ou Gouverneur, en reconnoissant, toutefois, la suzeraineté de la cour de Constantinople, qui aujourd'hui se réduit à très-peu de chose, et à la simple protection du Grand-Seigneur, dont ces Puissances font plus ou moins de cas, selon que les circonstances les y obligent.

Notice sur *Alger*.

Ce pays contient en grande partie celui qu'on désignoit autrefois sous le nom de *royaume de Numidie*, si célèbre du temps de Jugurtha.

Il avoit été fondé par quelques colonies de Phéniciens qui s'y établirent l'an 3oo av. J. C.

Jules-César le réduisit en province romaine l'an 44.

Il éprouva ensuite les révolutions dont nous venons de parler, jusqu'en

1430 que les Almohédes étant déchus de leur puissance primitive, il recouvra son indépendance, ainsi que Fez, Tunis et Tripoli.

Cependant, alarmés de l'invasion que les Espagnols firent sur leurs côtes en 1516, les Algériens appelèrent à leur secours le fameux Barberousse, qui se saisit de leur ville, où il gouverna en souverain. Il finit par la mettre sous la dépendance ou au moins sous la protection de la Porte, où elle est restée depuis, avec la faculté néanmoins d'élire son Bey ou Gouverneur.

ÉTATS DE L'EUROPE.

SICILE. 2e. *Colonne.*

LES anciens habitans de cette île furent les Sicaniens et les Sicules, divisés en plusieurs tribus ou états.

En 719 av. J. C., Archias, fils d'Évergètes, descendant d'Hercule, conduisit dans ce pays une colonie de Corinthiens qui bâtirent Syracuse.

En 503, les Carthaginois y débarquèrent, conquirent d'abord une partie de l'île, et à l'époque où ils la possédoient presqu'entièrement, ils en furent chassés par les Romains. Cet evènement eut lieu vers la fin de la première guerre punique 237 ans av. J. C.

L'an 212 av. J. C., les Romains,

ayant pris Syracuse d'assaut, se trou-
vèrent entièrement maîtres de la Sicile.

En 433 de J. C. les Vandales en font
la conquête, et en sont dépossédés par
Bélisaire en 535.

En 669, les Sarrasins s'en rendent
maîtres, mais ils en sont chassés presqu'aussitôt par les Grecs, qui ne leur
en laissent qu'une très-petite partie.

En 1025 et 1043, les Sarrasins et
les Grecs le sont à leur tour par les
Princes Normands débarqués en Sicile,
sous la conduite de Guillaume Fere-
bate.

Roger Ier., qui succéda à ce Guillaume, reçut du Pape le titre de Roi
de Sicile. Il conquit ensuite la Pouille,
mais en 1199 l'Empereur Henri s'empara de la Pouille et de la Sicile.

En 1263 le comte d'Anjou fut reconnu Roi de Sicile par le Pape, après

la mort de Mainfroy, tué à la bataille de Benevent.

En 1282, les Siciliens, à l'instigation de Pierre d'Arragon, massacrent les Français dans la fameuse journée appelée *Vépres Siciliennes*, et la Sicile reste à ce Prince.

En 1442, Alphonse d'Arragon, alors Roi de Sicile, la réunit au royaume de Naples, et elle appartient aux Espagnols ou à la maison d'Autriche, jusqu'en 1735, que Dom Carlos en fait la conquête. C'est un fils de ce Prince qui y règne aujourd'hui.

NAPLES. 3°. *Colonne.*

Les premiers habitans de cette contrée sont les Étrusques, puis les Apu-
liens et les Campaniens, colonies grec-
ques, qui bâtissent *Nole* et *Capoue.*

De 333 à 272 av. J. C., ces peuples
sont subjugués par les Romains, et à
cette époque *Tarente* (qui avoit été bâtie
par *Phalante* de Lacédémone, en 625
av. J. C.) tombe aussi au pouvoir des
Romains. Toute cette portion de l'Italie fit alors partie de leur Empire,
jusqu'à l'arrivée des Lombards, qui
s'en emparèrent en 568. Peu de temps
après, quelques petits États se formèrent dans ce pays sous le nom de
Principautés, telles que celles de Benevent, de Spolette, etc. et se rendirent
indépendans des Empereurs trop foibles
ou trop éloignés pour les faire rentrer
sous leur obéissance,

Enfin, en 774, Charlemagne soumit ce pays, à l'exception de quelques places maritimes qui restèrent aux Empereurs Grecs.

En 840, les Sarrasins débarquent dans cette partie de l'Italie, et en sont chassés par les Empereurs Grecs l'an 1002.

Vers l'an 1043, les Princes Normands s'emparent de la Pouille, et mettent fin dans ce pays à l'empire des Grecs (1).

En 1442, Alphonse d'Arragon, Roi de Sicile, s'empare de Naples, et ces deux Royaumes n'en font plus qu'un.

_____

(1) En 1053 l'Empereur Henri IV donne le Benevent au Pape en échange de Bamberg.

En 1127, Roger, Comte de Sicile, s'empare de la Pouille, et prend le titre de Roi de Naples.

En 1194, l'Empereur Henri réduit la Pouille et la Sicile.

En 1713, les deux Siciles sont soumises aux Impériaux, et annexées aux domaines des Rois d'Espagne.

Elles forment ensuite un État à part, mais où règne cependant un fils du Roi d'Espagne de la maison de Bourbon.

ROME *ou le* LATIUM.

4e. *Colonne.*

Ce territoire et la majeure partie de l'Italie furent probablement possédés par les Étrusques jusqu'à l'arrivée d'Evandre en 964 av. J. C. Il y bâtit une petite ville qu'il appela *Palentium ,* à l'époque de la guerre de Troyes.

En 904 av. J. C. *Latinus* régna dans cette partie de l'Italie qui, de lui , prend le nom de *Latium ,* et dont les habitans sont connus dans l'histoire sous le nom de Latins.

Ce fut dans cette contrée et sous le règne de ce Prince, qu'*Énée* débarqua en Italie, qu'il épousa *Lavinie ,* fille de ce Roi, qu'il bâtit *Lavinium ,* et qu'Ascagne, son fils, fonda *Alba Longa* (1).

---

(1) Le Latium touchoit au Samnium ou pays des Samnites.

Les Umbriens furent originairement un peuple puissant en Italie, dont ils possédèrent une grande partie ; ils en furent chassés par les Pélasges, et ceux-ci par les Étrusques.

Les Umbriens se réfugièrent au-delà des Apennins, et donnèrent leur nom au pays où ils s'établirent.

En 356 av. J. C. une horde de Gaulois les en dépossédèrent et en restèrent les maîtres jusqu'en 221 av. J. C. que le pays tomba au pouvoir des Romains. L'Umbrie fit par la suite partie de l'exarquat de Ravenne, et en 774, lorsque Charlemagne mit fin au royaume des Lombards, dans lequel l'Umbrie étoit comprise, ce territoire passa aux Papes, et devint une partie de l'Etat Ecclésiastique.

Les Sabins étoient probablement une branche d'Umbriens ; dans l'enfance de Rome, ils eurent de fréquentes guerres

En 753 av. J. C. Romulus, issu des Rois d'Albe, fonde *Rome* destinée à devenir la capitale du monde.

L'an 331 av. J. C. le Latium est conquis par les Romains, et fait partie de leur domaine.

Rome est d'abord soumise à des Rois; puis en 509 devient République gouvernée par des Consuls; alors elle est célèbre par ses guerres et ses conquêtes, elle subit une troisième révolution, et obéit à des Empereurs; elle devient à cette époque un vaste empire (que

---

avec les Romains, qui les subjuguèrent et réunirent leur territoire à celui de Rome l'an 270 av. J. C.

En 755 Pepin ayant obligé les Lombards à lui céder la plus grande partie de ce pays, il fut appelé le Pentapole, et reçut ensuite le nom de *Marche d'Ancône*, qu'il porte aujourd'hui ; il appartient au Pape.

nous distinguons par la couleur vert-
d'eau) qui, à la naissance de Jésus-
Christ, s'étendoit sur la plus grande
partie du monde connu. Cependant un
évènement mémorable diminue son
importance et sa puissance en Occident, c'est la translation du siège de
l'Empire à *Constantinople.*

Dans cet intervalle elle avoit été prise
par les Gaulois en 390 av. J. C.

Par Alaric, Roi des Goths, en 410
de J. C.

Genseric, Roi des Vandales, en 455,
et Ricimer en 472, prennent et pillent
cette cité.

Enfin, en 476, Odoacre, Roi ou
Chef des Hérules, met fin à l'empire
d'Occident sous le règne d'Augustule,
qui aida même ce barbare à se faire
proclamer Roi d'Italie.

Mais en 493 Odoacre est défait et mis

à mort par Théodoric, Roi des Ostrogoths, qui forme un royaume (1).

En 553 Narsès, Général de l'Empire, bat et tue Teia le dernier Roi des Goths, qui règne en Italie.

En 568, après cette révolution, ce pays est gouverné par des Officiers envoyés par les Empereurs, et désignés dans l'histoire sous le nom d'*Exarques*, dont la résidence est à Ravenne.

En 726, sous le pontificat de Grégoire II, Rome se soustrait à la puissance des Empereurs Grecs, et forme

---

(1) En 537, Bélisaire, Général de Justinien, Empereur d'Orient, reconquit la ville de Rome, et enlève aux Goths la majeure partie de l'Italie. Mais en 547, ceux-ci, sous la conduite de Totila, reprennent Rome, en sont chassés presque aussitôt par Bélisaire qui, rappelé à Constantinople, ne put s'opposer à une seconde invasion,

un état libre, qui est gouverné par un Sénat. Une partie de la Toscane et de la Campanie étoit comprise dans cette espèce de République, ainsi que ce qu'on appeloit alors le duché de Rome, qui se composoit du territoire qui l'environnoit.

Vers la fin du 8°. siècle, le Sénat et le peuple de Rome reconnoissent Charlemagne pour Empereur d'Occident. Ce Prince donne la ville et le duché de Rome aux Papes, et s'en réserve la souveraineté comme Empereur des Romains.

Malgré cette souveraincté que Charlemagne n'exerça jamais, Rome est restée sous la domination des Papes, qui en sont paisibles successeurs, et reconnus comme tels en 1076. Ils la possèdent encore comme Princes temporels.

Mais, en revenant sur ses pas, il

convient cependant de remarquer qu'en 568 les Lombards, sous la conduite d'Alboin, s'emparent d'une partie de l'Italie.

Qu'en 752 Aitulphe leur Roi chasse Eutyche de Ravenne, et met fin à l'exarquat.

Mais qu'en 774, Charlemagne, Roi de France, dépossède les Lombards, des États qu'ils ont en Italie, qu'il met fin au royaume de Lombardie ou des Lombards, et force Didier, leur dernier Roi, à entrer dans un monastère.

Qu'enfin, Charlemagne et ses descendans règnent en Italie jusqu'en 964, époque à laquelle les Empereurs d'Allemagne deviennent maîtres de cette contrée.

VENISE. 5ᵉ. *Colonne.*

Les Venetes, qui furent les anciens
habitans de ce pays, descendent des
Henetes, peuple sorti, dit-on, de l'Asie
mineure sous la conduite d'Antenor,
peu de temps après la guerre de
Troyes.

Les Samnites en occupèrent une partie, et il fut subjugué entièrement par
les Romains l'an 270 av. J. C. Il suivit
ensuite les révolutions de Rome, du
royaume des Lombards, excepté quelques îles sur lesquelles la ville de Venise est bâtie, et qui, dès 420 de J. C.
furent habitées par un peuple qui s'y
réfugia pour se mettre à l'abri de l'invasion des Goths ou des autres nations
barbares sorties du nord de l'Europe
pour ravager l'Italie.

Venise devenue un État politique,

commença à avoir des Doges, en
1002 (1).

─────────────────────

(1) Les Vénitiens, qui sacrifioient tout
au desir de conserver leur liberté, furent
sous la dépendance des Empereurs d'Orient
jusqu'en 803, et par un traité de paix
conclu entre Charlemagne, Empereur d'Occident, et Nicephore, Empereur d'Orient,
ils furent reconnus indépendans, et s'al-
lièrent avec ces deux Princes.

En 1084, la Dalmatie fut jointe aux Etats
que possédoient les Vénitiens. En 1405 ils
firent la conquête de Vérone et du Padouan;
mais avant cette époque ils s'étoient distingués dans plusieurs guerres qu'ils avoient
eues avec les Turcs, auxquels ils avoient
enlevé l'île de Candie et plusieurs places
considérables. Quoique moins puissans, ils
n'en formèrent pas moins, depuis, une République respectable, dont les différens Rois
de l'Europe s'empressoient de rechercher
l'alliance. Mais à l'époque du traité de
Campo-Formio, cet Etat a cessé d'être une
Puissance politique, et a passé sous la domination de l'Empereur d'Allemagne.

G E N E S. 6ᵉ. *Colonne.*

Le territoire de cet État étoit anciennement habité par les Liguriens, et il fut soumis aux Romains l'an 396 av. J. C. Il suivit alors le sort de l'empire et celui des Rois Lombards, jusqu'en 999, que les Génois se formèrent en République, régime qu'ils ont conservé jusqu'à ce jour. Ils ont eu plusieurs guerres fameuses avec les Vénitiens, les Pisans et les Turcs, sur lesquelles l'histoire d'Italie donne de plus amples notions.

Ils commencèrent à avoir des Doges en 1339. Boca Negra fut le 1ᵉʳ.

SAVOIE. *7ᶜ. Colonne.*

Ce territoire fit anciennement partie de la Gaule Narbonaise, et fut soumis aux Romains l'an 115 av. J. C. Il subit à peu-près les mêmes révolutions que le pays de Gênes.

En 1040 l'empereur Conrad le donna en propriété à St. Maurice, et le Valais avec le pays de Chablais à Hubert aux *blanches mains,* dont les descendans s'aggrandirent par des mariages et des conquêtes.

Les Comtes de Savoie prirent le titre de Ducs en 1392.

En 1713 le Duc de Savoie obtint la Sicile, qu'il garda jusqu'en 1718 ; il l'échangea alors pour la Sardaigne, aux termes du traité appelé la quadruple alliance. Il prit le titre de Roi de Sardaigne en 1730.

TOSCANE.

8°. *Colonne.*

Après avoir été habité par les Pélasges, ce pays reçut une colonie de Tyrheniens sortie de la Lydie sous la conduite de Tyrhenus. Quelques colonies de Gaulois s'y établirent depuis. Ce peuple étendit bientôt ses conquêtes au-delà des Apennins et de la plus grande partie de l'Italie. Il devint célèbre non-seulement dans l'art militaire, mais encore dans ceux qu'on cultive au sein de la paix.

En 236 et 222 av. J. C. toute l'Étrurie fut soumise à l'empire Romain et en subit les révolutions, ainsi que celle du royaume des Lombards, jusqu'en 1250, que gouvernés tyranniquement par Frédéric II, les habitans

de ce pays se déclarèrent indépendans,
et s'érigèrent en République (1).

---

(1) Après plusieurs guerres mêlées de
succès et de revers, après plusieurs révolutions intérieures, et différens traités, ce
pays fut possédé en 1737 par le Duc de
Lorraine, dont la maison en a joui jusqu'à
la paix d'Amiens. Il forma alors le royaume
d'Étrurie avec quelques autres possessions
adjacentes.

SUISSE. 9ᵉ. *Colonne.*

Les Helvétiens ont été les premiers habitans de cette contrée. Ils furent subjugués par Jules - César l'an 57, av. J. C.

La Suisse où l'Helvétie resta sous la domination des Romains jusqu'en 395 de J. C., qu'elle leur fut enlevée par les Allemands, nation du Nord, qui parut dans la Germanie pour la première fois en 214, et s'établit dans le Wirthemberg.

Les Allemands se maintinrent dans l'Helvétie jusqu'en 416, époque où ils en furent chassés par Clovis, Roi des Francs.

Les Francs la possédèrent jusqu'en 888, c'est-à-dire, jusqu'à la mort de Charles-le-Gros, dont Raoul, Roi de Bourgogne, sut profiter pour se saisir

de la Suisse; elle fit partie du royaume
de Bourgogne Transjurane jusqu'en
1032; alors Rodolphe, qui en fut le
dernier Roi, en fit donation à Conrad
II, Empereur d'Allemagne.: elle continua à faire partie de l'empire d'Allemagne jusqu'en 1308, époque où ne
pouvant plus supporter le joug tyrannique du Duc Albert d'Autriche, les
Suisses se révoltèrent (1).

_____

(1) En 1315, plusieurs cantons de cette
contrée formèrent une espèce de fédération,
et en 1649 leur liberté fut reconnue par
les différentes Puissances de l'Europe. Ce
pays forme encore aujourd'hui une République estimée de ses voisins et intimement
liée à la France.

HOLLANDE. 10ᵉ. *Colonne.*

Ce pays a fait partie de celui des Belges subjugués par Jules-César, en 47 av. J. C. ; il fut conquis par les Francs en 416, qui le possédèrent jusqu'en 868 que Thierry, Général de Charles-le-Mauvais, s'en empara, et fut le premier Comte de Hollande (1).

En 1534 le peuple de cette province, plutôt que de se soumettre à l'Évêque d'Utrecht, aima mieux se donner à Charles-Quint, qui, en 1556, le donna à son fils Philippe II.

Las du joug espagnol, ce comté et

---

(1) Sa postérité conserva ce comté jusqu'en 1206 ; il passa alors au Comte de Hainaut, dont la famille le posséda jusqu'en 1417, que Philippe-le-Bon, Duc de Bourgogne, obligea Jacqueline, Comtesse de Hainaut et de Hollande à le lui céder.

quelques autres provinces qui l'avoisi-
noient, s'insurgèrent en 1579, se cons-
tituèrent en République, et forcèrent
les Espagnols à les reconnaître comme
libres et souverains.

La Hollande a conservé et conserve
encore aujourd'hui le régime républicain.

ALLEMAGNE. 11°. *Colonne.*

L'Allemagne, sous le nom de Germanie, fut anciennement divisée en un grand nombre d'États indépendans, mais long-temps très-peu considérables et obscurs.

Vers l'an 390 av. J. C. quelques colonies de Gaulois sous la conduite de Ségovèse, y forment des établissemens.

L'an 25 av. J. C. pendant le règne d'Auguste, les Romains commandés par Vincius, remportent plusieurs avantages sur les Germains.

L'an 12 av. J. C. Drusus défait les Rhétiens, les Vendéliciens et les Noriciens.

L'an 6 de J. C. Germanicus bat les Angrivariens, les Chérusques, les Quades et les Marcomans, et les différentes conquêtes de ce Prince mettent à peu-près toute l'Allemagne sous la domination de l'empire Romain. Cependant elle ne fut entièrement soumise que dans le deuxième siècle.

Mais vers la fin du troisième, les Romains perdent toutes leurs possessions dans ces contrées.

En 432, les Huns, nation tartare chassée de la Chine, font la conquête d'une grande partie de l'Allemagne.

Ils s'emparent du pays qui s'étend du Tanaïs au Danube, chassent les Alains des bords du premier fleuve, et les Goths et les Visigoths des bords du *Nieper*.

Attila, leur roi, étend ses conquêtes jusqu'au Pont-Euxin.

D'autres nations venues du Nord s'établissent pareillement en différens endroits de l'Allemagne, savoir : en 450, les *Allemani* qui donnent leur nom à la Germanie ; en 480 les Saxons sortis du Jutland, et qui habitent ce qui est aujourd'hui la Saxe; en 512, les Suabes, et en 540 les Boyens, qui forment des établissemens entre le Weser et le Danube.

De 800 à 888, Charlemagne et ses successeurs possèdent l'Allemagne, la Hollande, la Suisse et l'Italie.

A la mort de Louis-le-Gros ce vaste empire est partagé. Lothaire est reconnu Empereur d'Allemagne, et Charles-le-Chauve Roi de France.

Le Royaume de Germanie se forme, et bientôt l'empire d'Allemagne : la race des Carlovingiens y règne jusqu'en 912, que Conrad, Duc de Franconie, est élu Empereur. En 920, Henri l'Oiseleur, un des premiers législateurs de l'Allemagne, parvient à l'empire.

En 1014, Conrad le Salique commence la dynastie de Suabe.

En 1273, Rodolphe de Hapsbourg, le chef de la maison d'Autriche, est élu Empereur.

En 1500, l'Empereur Maximilien divise l'empire en dix Cercles, et en 1512 en dix Électorats (1).

---

(1) En 1519 l'empire fut réuni à l'Espagne dans la personne de Charles-Quint, mais cette union cessa lors de son abdication en 1556. Philippe II, son fils, eut l'Espagne, et Ferdinand, son frère, lui succéda en Allemagne.

FRANCE, 12ᵉ. *Colonne,*

Les anciens habitans de ce pays ont été les Celtes, puis les Gaulois, distingués en Tectosages, Senoniens, Sequaniens, Aquitains, etc. (1).

En 57 av. J. C., Jules-César défit les différentes nations des Gaules, et en acheva la conquête en 54, à l'exception de quelques peuples qui habitoient aux pieds des Alpes.

En 400, l'Empereur Honorius permit aux Goths de s'etablir dans la partie méridionale des Gaules. En 406 les Vandales, les Alains et les Sueves envahirent ce pays, y restèrent trois

---

(1) La partie de cette contrée qu'on appeloit *Gaule Narbonaise,* devint une province romaine en 118 av. J. C. Les Allobroges, autre nation des Gaules, furent subjugués par les Romains,

ans, et passèrent dans l'Espagne, qu'ils partagèrent entr'eux.

En 413, les Bourguignons (peuple qui sortoit aussi de la Germanie) s'emparèrent de la partie des Gaules qui avoisine le Rhin, d'où ils s'étendirent plus intérieurement dans le pays. Les Francs, autre nation de la Germanie qui s'étoit établie entre le Rhin et le Mein en 480, mirent fin au royaume qu'avoient fondé les Bourguignons en 522.

Ces mêmes Francs, sous la conduite de Clovis, étendirent leurs conquêtes dans les Gaules, et en chassèrent les Romains en 510.

Ensuite ils se rendirent maîtres des établissemens que les Goths avoient formés dans cette contrée. Ce fut à cette époque que Clovis défit et tua Alaric leur Roi, et se mit en possession de la majeure partie de ce qui est appelé aujourd'hui la France.

A la mort de Clovis en 511, ses États sont partagés entre ses enfans, et forment les royaumes de Paris, de Metz, de Soissons et d'Orléans.

Lothaire, Roi de Soissons, survit à ses frères et règne seul en 560.

Il y eut d'autres partages moins importans, que nous n'avons pas indiqués pour ne pas surcharger la carte.

Les Rois qui règnent depuis Clovis jusqu'en 751 sont de la race Mérovingienne, ainsi nommée de Mérovée, un des Rois Francs qui précédèrent Clovis.

Depuis 751 jusqu'en 987, règne la seconde race appelée Carlovingienne, de Charlemagne, fils de Pepin-le-Bref, mais qui donne son nom à cette race parce qu'il en fut le plus illustre.

En 987 commence la 3e. race, appelée Capétienne, de Hugues Capet.

Elle se distingue ensuite en branches collatérales des Valois et des Bourbons dont la première commence à Philippe de Valois en 1328, et la seconde à Henri IV en 1589. En 1792 la France se constitue en République.

En revenant sur nos pas, nous voyons les Normands sortis du Nord, venir ravager la France, et en 887 assièger Paris (1).

En 1066 les Ducs de Normandie devenus Rois d'Angleterre, mettent ce pays sous la puissance des Anglais.

Cette domination s'étend par le ma-

---

(1) En 906 ils s'établissent dans la Neustrie (qui d'eux est appelée *Normandie*), et l'année suivante ils se rendent maîtres de la Bretagne, de la Picardie et de la Champagne.

riage d'Éléonore de Guyenne avec Henri II, Roi d'Angleterre, auquel elle apporte en dot le Poitou, la Guyenne et la Saintonge. Henri, de son côté, devient Comte d'Anjou, de Touraine et du Maine par la mort de son père Geoffroi Plantagenet.

En 1346 Edouard Ier prend Calais et tout le pays qui en dépend.

En 1360, le traité de Bretigni met ce Prince en possession de nos plus belles provinces.

En 1370 les 'François reprennent aux Anglais tout ce qu'ils possédoient en France, à l'exception de Calais; mais en 1415 Henri V entre en France gagne la fameuse bataille d'Azincourt, et s'empare de la Normandie, de Paris, et d'une grande partie de la France.

Henri VI, son fils, est couronné à Paris par les intrigues et le crédit du Comte de Bedford. Jusqu'en 1424, les

Anglais obtiennent les plus grands succès ; ils réduisent le Maine et les provinces qui l'avoisinent ; mais à cette époque les affaires changent de face, ils perdent la Normandie en 1450, la Guyenne en 1453, et ne conservent enfin que Calais et Guisnes.

En 1558 la France reconquit ces deux places, et tout ce que les Anglais possédoient en France.

ESPAGNE. 13ᵉ. *Colonne.*

Les premiers habitans de cette contrée étoient distingués en Celtibériens, Hibériens et Lusitaniens, etc.

En 5o3 av. J. C. les Carthaginois en envahirent la partie méridionale, où ils bâtirent et rétablirent Gadez, appelé aujourd'hui Cadix. Après la première guerre punique, ils continuèrent leurs conquêtes sous Asdrubal en 235, et sous Annibal en 209 ; mais les Romains les dépossédèrent de tout ce qu'ils avoient dans ce pays en 2o6.

En 144 av. J. C. Numance, ville célèbre de l'Espagne par sa population et ses richesses, est détruite par Scipion.

L'an 16 av. J. C. le pays des Cantabres est réduit par Agrippa ; alors les Romains sont maîtres de toute l'Espagne.

En 406 de J. C. les Vandales, en 409 les Alains, et les Suèves en 412, viennent former des établissemens en Espagne. En 415 Ataulfe, fils d'Alaric, est chassé des Gaules par quelques nations du Nord, et passe en Espagne. Malgré ces différentes invasions, les Romains se maintiennent dans la Tarragonaise et le pays d'alentour. En 428 les Alains et les Vandales quittent l'Espagne et passent en Afrique; les Suèves en grande partie prennent possession de ce qu'ils abandonnent, et les Romains du reste.

En 585 les Suèves sont chassés par les Goths, appelés Visigoths, qui déjà avoient dépossédé les Romains en 568.

Depuis cette époque les Goths règnent en Espagne jusqu'en 711, que les Sarrasins d'Afrique envahissent ce pays; ils défont Rodrigue qui y régnoit, et sous la conduite de Muza, leur Général, ils en font la conquête en dix mois.

Vers l'an 1025 les Sarrasins forment plusieurs royaumes, qui en 1091 sont conquis par les Almoravides d'Afrique, et ceux-ci en 1140 sont chassés par les Almohèdes.

En 1219 l'empire des Sarrasins est divisé ; les Gouverneurs des provinces situées en Afrique et sous l'obéissance du Miramolin, ou Empereur, s'étant révoltés, ceux d'Espagne imitent leur exemple, et de cette division se forment les royaumes de Valence, de Grenade, de Murcie, de Séville et de Cordoue.

Ces différens royaumes sont successivement conquis par les Espagnols ; savoir, celui de Valence en 1240, celui de Grenade en 1491, celui de Murcie en 1266, celui de Séville en 1248, et celui de Cordoue en 1234.

Quant aux Goths, dès l'an 718 Do

Pélage commence à reconquérir sur les Sarrasins quelques parties de l'Espagne; il règne en Biscaye et dans les Asturies.

En 984 Don Bermude II, un de ses descendans, est reconnu Roi d'Oviedo et de Léon, à la suite d'une bataille qu'il gagne sur les Maures; mais en 1048 ce royaume est incorporé dans celui de Castille (1).

Après plusieurs guerres, où les Rois de Castille et d'Arragon dépouillent successivement les Sarrasins, en 1479 le royaume de Castille est réuni à celui d'Arragon, par le mariage d'Isabelle de Castille avec Don Ferdinand d'Arragon.

En 716 le royaume de Navarre avoit

_____

(1) En 1080 le royaume de Tolède ayant été conquis sur les Maures, Tolède devient la capitale de celui de Castille.

commencé dans la personne de Don Garcie; il continua à s'étendre telle- ment que l'Arragon en fit partie.

En 1035, l'Arragon fut érigée en royaume par Sanche-le-Grand, Roi de Navarre, en faveur de son fils Ra- mire. En 1076 le fils de celui-ci régna dans la Navarre, mais en 1133, après la défaite et la mort du Roi, les royaumes d'Arragon et de Navarre eurent chacun leur roi.

En 1316 les Rois de France pos- sèdent une partie de la Navarre, qui leur est enlevée en 1511 par les Rois d'Arragon (1).

_____

(1) En 1700 Charles II, Roi d'Espagne, de la maison d'Autriche, meurt sans en- fans, et lègue ses Etats à Philippe d'Anjou, petit-fils de Louis XIV. Ses descendans règnent aujourd'hui en Espagne.

PORTUGAL. 14°. *Colonne.*

Les anciens habitans de cette contrée étoient appelés *Lusitani.* Les Romains les soumirent vers l'an 206 av. J. C. Ils étoient tombés au pouvoir des Carthaginois l'an 503 av. J. C.

Les Alains s'y établirent en 409 de l'ère Chrétienne : en 428 ils en furent chassés par les Suèves, et ceux-ci par les Goths en 585.

En 714 les Sarrasins, qui avoient conquis l'Espagne, se rendirent maîtres du Portugal.

En 1080, le Comte Henri fit quelques conquêtes sur eux. Alphonse, Roi de Léon, lui avoit donné en mariage sa fille Dona Theresa avec le territoire qui avoisinoit le Portugal, et ce qu'il pourroit conquérir sur les Maures.

En 1139, Alphouse, fils du Comte Henri, fit la conquête de Lisbonne, leur enleva la majeure partie du Portugal, et prit le titre de Roi.

En 1580, après la mort de Henri I, Philippe II, Roi d'Espagne, s'empara de ce pays ; mais en 1640 les Portugais secouèrent le joug espagnol, et placèrent sur le trône le Duc de Bragance, dont la maison règne encore en Portugal.

GRANDE BRETAGNE. 15ᵉ. *Col.*

I R L A N D E.

Les premiers habitans de cette île furent des Scots, connus sous le nom d'*Hiberniens*. Les annales du pays lui donnent des Rois dès l'an 4 de l'ère Chrétienne, mais on a très-peu de confiance dans cette chronologie. Elle fut envahie momentanément par les Danois; mais elle ne fut complètement subjuguée qu'à l'époque où les Anglais en prirent possession. Aussi jusqu'alors est-elle généralement divisée en petites souverainetés, dont l'indépendance individuelle en facilite la conquête.

Les premières expéditions qu'ils dirigèrent vers ce pays furent entreprises en 1169 par des aventuriers, avec l'agrément de Henri II, qui y débarqua lui-même en 1172, et en acheva la conquête (1).

É c o s s é.

Cette partie de la Grande Bretagne étoit anciennement appelée *Calédonie*, et ses habitans Calédoniens. Ils étoient

---

(1) En 1314 les Écossais suscitèrent une révolte en Irlande, et en 1315 Édouard de Bruce chassa les Anglais de toutes les places qui étoient en leur puissance, et se fit proclamer Roi de cette île; mais les Écossais en furent chassés à leur tour en 1318. Cependant, depuis cette époque il y eut toujours quelques soulèvemens de la part des insulaires indigènes, de manière que les Anglais ne furent paisibles possesseurs de l'Irlande qu'en 1604.

- Les Catholiques de ce pays se révoltèrent en 1614, et commirent le fameux massacre des Protestans, malheureusement trop célèbre dans l'histoire; Cromwel les en punit et les réduisit en 1653.

d'origine celtique, et probablement de ces tribus de Bretons sortis du fond du Nord.

En 411, nous trouvons ce peuple distingué en Scots et en Pictes.

Les Romains, qui avoient fait la conquête de la Bretagne en 44 de J. C. et années suivantes, élevèrent pour la garantir des invasions des Scots, diverses murailles dont l'histoire fait mention, et dont la plus fameuse est celle qu'*Adrien* fit construire (1).

―――――――――――

(1) L'an 503 les différens *clans* ou peuplades de l'Écosse furent réunies en une seule nation par Fergus, fils de Erth, le premier Roi d'Ecosse, sur l'existence duquel on ait quelques certitudes.

Vers 839 les Pictes furent entièrement soumis par Keneth II, qui fut le premier Roi qui régna seul sur l'Écosse.

En 1296, Édouard I.er, Roi d'Angleterre, conquit cet Etat, mais les Anglais en furent chassés en 1314.

5

En 1603, Jacques VI, Roi d'Écosse, succéda à la couronne d'Angleterre à la mort d'Élisabeth, qui l'avoit appelé au trône comme son plus proche parent. Et l'an 1707 fut l'époque de l'*union*, c'est-à-dire, que les royaumes d'Écosse et d'Angleterre n'eurent plus qu'un seul parlement.

ANGLETERRE.

Les Isles Britanniques furent habitées originairement par les Bretains, peuple qui, comme les anciens Gaulois, étoit d'origine celtique.

Les premiers qui firent quelques conquêtes dans cette île furent les Romains. Jules-César y fit une première descente dès l'an 55 av. J. C., et une seconde l'an 54 ; mais il n'y forma aucun établissement, parce que les insulaires indigènes s'y opposèrent constamment. Cependant vers l'an 44

de l'ère Chrétienne, et sous le règne
de Claude, les Généraux de l'empire
entreprirent la conquête de cette île,
qu'ils achevèrent l'an 78 sous le règne
de Domitien.

Vers l'an 412, et définitivement en
420, n'étant plus capables de défendre
une province si éloignée du centre de
l'empire, les Romains évacuèrent la
Grande Bretagne, et l'abandonnèrent
à ses anciens habitans; ceux-ci hors
d'état de repousser les Scots et les
Pictes (aujourd'hui les Écossais) qui
faisoient de continuelles incursions
dans leur pays, appelèrent à leur secours les Saxons qui effectivement les
aidèrent à chasser ou à contenir les
Pictes, mais s'emparèrent de la Bretagne et la contraignirent à subir un
joug étranger, auquel n'échappèrent
que les Bretons, qui se réfugièrent
dans le pays de Galles.

Les Saxons abordant successivement en *Bretagne*, formèrent sept différens royaumes, qui eurent entr'eux une espèce de fédération connue sous le nom d'*Heptarchie*.

Le 1.er de ces royaumes fut celui de Kent, fondé par Hengist en 475, qui finit en 828, époque où il fut conquis par Egbert, Roi de Wessex.

Le 2.e, celui d'Essex, fondé par Erchenwin en 527, et conquis de même par Egbert en 828.

Le 3.e, celui de Sussex, fondé par Ella en 491, et en 616 tellement réduit, qu'il fut considéré dès-lors comme une dépendance de celui de Wessex.

Le 4.e, celui de Wessex, par Cerdic en 519. Un de ses descendans, Egbert, ayant conquis les autres royaumes de l'heptarchie, les réunit au sien, et en forma le royaume d'Angleterre.

Le 5.°, celui de Northumberland, fondé par Ida en 546, et conquis par Egbert en 828.

Le 6.°, celui d'Estanglie, fondé par Uffa en 575, et conquis par le Roi de Mercie en 792.

Le 7.°, celui de Mercie, que fonda Cridda en 582, et conquis par Egbert en 828.

Vers l'an 866, les Danois, conduits par leur Roi Ivar, et appelé par le Comte Bruern *Bocard*, firent une descente en Angleterre et conquirent le Northumberland et l'Estanglie ; en 873 ils se rendirent maîtres du royaume de Mercie, et vers l'an 877 ils étoient en possession de presque toute l'île ; Alfred, Roi Saxon, dont l'histoire parle avec éloge, entreprit cependant de leur résister, mais il fut contraint de céder au nombre, et réduit à se cacher. Dans son asile il ne se laissa

point abattre par les revers; il sut,
au contraire, enflammer le courage
des Bretons dont il étoit entouré, et
saisissant l'occasion où les Danois
étoient épuisés par leurs propres conquêtes, et peu unis entr'eux, il assem-
bla une troupe de braves, marcha
contr'eux, les défit et les força à sortir,
de l'ile ou à se soumettre à son gouvernement : ceux d'entre les Danois
qui choisirent ce parti s'établirent
dans l'Estanglie; mais à chaque règne
ils essayèrent de secouer le joug qui
leur avoit été imposé, jusqu'en 1003,
que Swein, Roi de Dannemarck, aborda
en Angleterre , en conquit toute la
partie septentrionale, et força Ethelred , qui y régnoit, à se retirer en
Normandie. Après la mort de Swein,
les Danois proclamèrent Roi son fils,
Canut, mais les Anglais rappelèrent
Ethelred, et l'ile fut divisée entre les

Saxons et les Danois, jusqu'en 1017, que Canut resta seul maître de l'Angleterre. Sous Édouard le Confesseur, en 1041, la ligne saxonne fut rétablie sur le trône, jusqu'en 1066, que Guillaume-le-Conquérant s'empara de l'Angleterre, où les descendans de ce Prince ont régné jusqu'en 1154. Alors différentes maisons se succédèrent.

A cette époque, ce fut celle de Plantagenet.

En 1485, la maison de Tudor.

En 1603, celle des Stuart.

En 1714, la maison de Hanovre, encore aujourd'hui sur le trône.

En 1283, Édouard I.er défit et tua *Lewellin*, Roi de Galles, et s'empara de ce pays.

SUEDE. 16.ᵉ *Colorme.*

Elle fut primitivement habitée par les-Suenons, mais nous n'avons aucuns détails certains sur ce qui les concerne, avant 714, époque à laquelle les Suédois furent convertis au christianisme par le moine Anschaire, sous le règne de Biorno III.

En 1387, Marguerite, Reine de Dannemarck et de Norwège, fut choisie pour Reine par les Suédois, qui venoient de forcer à descendre du trône leur Roi Albert, dont le gouvernement tyrannique les avoit révoltés.

Ce fut à cette époque que l'union de *Calmar* eut lieu, c'est-à-dire, le traité qui réunit sur une seule tête les couronnes de Dannemarck, Norwège et Suède.

La Suède fit partie de cette monarchic jusqu'en 1521, qu'elle secoua le joug oppresseur de Christiern, Roi de Dannemarck. *Gustave-Eric-son*, autrement appelé Gustave Vasa, fut celui qui en délivra son pays ; et depuis cette époque, la Suède a formé un royaume séparé.

NORWEGE. 17.º *Colonne.*

La Norwège, dont les premiers habitans furent les Ingevons, ne commença à avoir de Roi connu qu'en 991 ;
ce fut Olaüs, qui eut pour successeur
Suenon et Olaüs II.

En 1028 les Suédois y dominent malgré Canut-le-Grand, Roi de Dannemarck, jusqu'en 1040, où Magnus est
en même tems roi de Norwége et de
Dannemarck.

En 1387 elle fait partie de l'union
de Calmar, qui reconnoît Marguerite,
fille de Valdemar, pour reine des trois
royaumes du Nord. Vers 1621, la Norwège passe à la maison d'Oldembourg,
et fait partie des États du Roi de Dannemarck.

DANNEMARCK. 18.e *Colonne.*

La presqu'île qui forme la principale partie de ce royaume, et porte aujourd'hui le nom de Jûtland, étoit l'ancien pays des Cimbres, qui fut ensuite celui des Goths. Elle est connue dans l'histoire ancienne sous le nom de *Chersonèse Cimbrique.* On ne sait rien de ce pays avant l'an 714, à l'époque duquel régnoit un Roi appelé Gorme. Jamais ce pays ne fit partie, et ne dépendit d'aucun autre empire.

La maison d'Oldenbourg y règne depuis 1448, c'est-à-dire (en 1803) depuis 355 ans.

BOHÊME. 19.ᵉ *Colonne.*

Anciennement habitée par les Boyens et les Marcomans

Mnatho en étoit Duc en 598, et c'est le premier dont l'histoire fasse . mention.

Les différens petits Souverains de ce pays eurent de grandes guerres à soutenir avec les Rois de la race Caroline ; mais ils surent maintenir et conserver leur indépendance.

En 1199, Premislas prit le titre de Roi, et le transmit à ses successeurs (1).

———————————————

(1) En 1385 Sigismond, Roi de Bohême, fut élu Empereur d'Allemagne ; mais en 1440 , cet Etat devint indépendant de l'Empire , et passa à Ladislas , Roi de Hongrie.

En 1536 il repassa à l'Empire dans la

Depuis 1648, la Bohême forme un des royaumes héréditaires de la maison d'Autriche.

---

personne de l'Empereur Ferdinand. Il y est resté depuis, excepté en 1617, que Frédéric, Electeur Palatin, fut élu Roi de Bohême, ce qui occasionna une guerre cruelle à la fin de laquelle il fut chassé.

6

PRUSSE.

20.° *Colonne.*

Les Vandales occupèrent d'abord cette contrée, et ensuite les Borusses et les Alains ; mais l'histoire ne fait aucune mention des Prussiens ou Borussiens avant l'année 1007, où elle nous apprend que ce peuple étoit gouverné par ses propres Ducs. En 1228, après une guerre aussi sanglante qu'opiniâtre, ce pays fut conquis par les Chevaliers de l'Ordre Teutonique. En 1454 les Polonais en subjuguèrent la partie occidentale, et en 1525, la méridionale.

Albert, Marquis de Brandebourg, le dernier Grand-Maître de cet Ordre, obtint du Roi de Pologne, à condition d'en faire hommage, la partie

occidentale de ce pays, avec le titre
de Duc de Prusse. En 1683 elle se
rendit indépendante, et en 1701 ses
Ducs prirent le titre de Roi. Cette
monarchie s'est depuis fort étendue
par la voie des armes et des alliances.

HONGRIE. 21.e *Colonne.*

Ce pays, connu des anciens sous le nom de Panonie, fut réduit par Tibère l'an 14 av. J. C.

En 376 les Huns en firent la conquête, et en 460 ils en furent chassés en partie par les Avares, qui furent subjugués à leur tour par les Lombards.

Ceux-ci obtinrent de Justinien la permission de s'établir dans le pays, mais ils le quittèrent pour pénétrer dans l'Italie, et y laissèrent les Huns qui en restèrent les maîtres en 794.

Nous trouvons ensuite les Hongrois dans ce pays formant une nation indépendante, gouvernée en 920 par ses propres Rois (1).

_____

(1) Leur premier Monarque chrétien est Géisa, dont la famille règne jusqu'en 1302,

En 1527 elle est soumise à la maison d'Autriche, à laquelle elle reste, non sans beaucoup de troubles et de guerre.

En 1540, Soliman, Empereur des Turcs, en envahit une partie; à cette époque, elle est long-temps le théâtre de la guerre entre les Impériaux et les Turcs.

En 1576 ces derniers étendent leurs conquêtes; mais en 1680, ils les perdent presque toutes, et en 1716 ils sont entièrement chassés.

époque où Charles Martel, fils de Charles de Naples, et de Marie de Hongrie, fille d'Etienne IV, parvient à la couronne de Hongrie, en partie par le choix des Grands, et en partie par le droit de conquête ou du plus fort.

En 1383, Sigismond, Empereur d'Allemagne et Roi de Bohême, devient Roi de Hongrie par sa femme, qui avoit des droits à cette couronne. Mais en 1438 les Hongrois, sous la conduite de Ladislas, secouent le joug de l'Empire.

POLOGNE. 22.ᵉ *Colonne.*

La Pologne, anciennement le séjour des Germains et des Daces, fut conquise par les Romains de l'an 11 à l'an 115 de l'ère Chrétienne. Les Goths s'en emparèrent l'an 420. Lech, qui les chassa et qu'on suppose avoir régné en 550, est le premier Duc de ce pays dont l'histoire fasse mention. Sa postérité s'éteignit en 842. Piast, paysan de Cujavie, fut alors élu Duc. Bodeslas, l'an 1000, reçut le titre de Roi de l'Empereur Othon III.

Elle fut partagée en 1772 entre la Russie, la Prusse et l'Empereur, qui procédèrent à un partage définitif en 1795 ; à cette époque, la Pologne cessa de former un État politique.

RUSSIE. 23.ᵉ *Colonne.*

Les premiers habitans de la Russie ont été les Roxelans et les Venèdes, auxquels ont succédé les Waranges et les Slaves.

En 840, qui est la plus ancienne date que nous trouvions dans l'histoire sur la Russie, il est fait mention de Rurik, grand Duc de Novogorod (1).

Vers 1058, Boleslas, Roi de Pologne, conquit une partie de la Russie; il y a sur ce fait une grande confusion dans l'histoire, parce qu'elle ne fournit aucune donnée pour assigner l'intervalle de temps que les Polonais restèrent en possession de leur con-

(1) En 981, Wladimir, le cinquième Grand Duc, fut le premier Souverain chrétien de ce pays.

quête ; mais on sait qu'en 1237 ils en furent chassés.

En 1239, les Tartares-Mongules ou Mongols, s'emparent de ce pays, et les Grands Ducs qui y règnent se trouvent entièrement sous leur domination.

Vers l'an 1535, Iwan Basilowich affranchit entièrement son pays du joug de ces étrangers, et il prend le titre de Czar en 1536.

ATHENES. 24.ᵉ *Colonne.*

Cette ville fut fondée par Cécrops, l'an 1556 av. J. C..

L'an 1070 av. J. C. Codrus, dernier Roi d'Athènes, s'étant voué à la conservation de son pays pendant la guerre que les Athéniens eurent avec ceux de Sparte, cet Etat s'érigea en République, et devint très-puissant.

Athènes, à cette époque, fut gouvernée par des Archontes perpétuels (c'étoit le nom qu'on donnoit au premier Magistrat de cette République).

En 704, les Archontes deviennent décennaux, c'est-à-dire, qu'ils sont en place pour 10 ans. En 684 ils sont annuels. En 623, Dracon, Archonte, donne un code de loix aux Athéniens, et ce code est célèbre par la sévérité des peines qu'il inflige, même pour les plus légers délits.

En 594 une nouvelle législation est promulguée par Solon. En 481 Thrasibule détruit dans Athènes la forme du gouvernement qu'y avoient établie les Lacédémoniens, et rend la liberté à son pays, qui en jouit pleinement, quoique souvent en but à l'ambition des Rois de Macédoine.

En 332 Athènes tombe au pouvoir d'Alexandre-le-Grand, et reprend son premier gouvernement après la mort de ce Prince.

Elle fut florissante jusqu'à l'arrivée des Romains ; les Athéniens alors s'étant imprudemment joints à Mithridate auquel Rome faisoit la guerre, Sylla, pour les en punir, assiégea et prit Athènes en 86, et ce pays fit ensuite partie de l'empire d'Orient, dont il suivit les révolutions ; il appartient aujourd'hui à la Porte.

ACHEENS. 25.ᵉ *Colonne.*

La colonie dont ce peuple est issu fut établie en 1080 av. J. C. par Acheus, fils de Xuthus.

Elle forma une République, qui, l'an 332, tomba comme Athènes au pouvoir d'Alexandre, et reprit après sa mort son ancien gouvernement.

Elle fut long-temps l'alliée des principales villes de la Grèce, et forma avec elles une ligue respectable, mais qui ne commença à figurer dans l'histoire que vers l'an 280 av. J. C., où elle devint fameuse sous Aratus, qui s'opposa vigoureusement aux entreprises des Rois de Macédoine; mais en 146 av. J. C. Mummius, Général Romain, mit fin à cette ligue par la prise de Corinthe, qui fut suivie de la conquête entière de ce pays.

Quand les Latins s'emparèrent de Constantinople en 1204, les villes maritimes de cette contrée furent cédées aux Vénitiens.

Mais quand les Grecs se rétablirent en 1261, elle fit une seconde fois partie de leur Empire, et ce ne fut qu'en 1453 qu'elle tomba au pouvoir des Turcs, vainqueurs alors par-tout par les armes et la fortune de Mahomet II : aujourd'hui, comme Athènes, elle fait partie de l'Empire Ottoman.

CORINTHE. 26.e *Colonne.*

Ce Royaume est fondé par Sysiphe
en 1325 avant J. C.; il est conquis en
1104 par les Héraclides, qui ont re-
paru dans le Péloponèse. En 900 il
reprend son ancien gouvernement. En
790, ce gouvernement change et devient Républicain. En 352 Corinthe
subit le joug d'Alexandre, qu'elle se-
coue après sa mort. En 243 elle entre
dans la ligue Achéenne, et est prise
par Mummius en 146. Son territoire
fait alors partie de l'Empire Romain,
et en subit les révolutions. Aujour-
d'hui il appartient à la Porte.

7

SPARTE ou LACEDEMONE.

27.ᵉ *Colonne.*

En 1596, Lelex fonde une colonie dans la Laconie. Eurotas, son fils, et Lacédémon, qui avoit épousé *Sparta*, fille d'Eurotas, règnent dans ce pays et y bâtissent Sparte, qui en 1104 tombe au pouvoir des Héraclides, où ils règnent pendant long-temps. En 710 des Éphores sont établis à Lacédémone pour surveiller la conduite des Rois.

En 708 le célèbre Lycurgue donne des lois à cette République, et cette législation fait époque dans l'histoire.

Sparte en 332, comme les autres villes du Péloponèse, subit le joug d'Alexandre, et s'en affranchit après sa mort.

L'an 191 av. J. C. Philopœmen ayant

défait Machanidas et Nabis, qui étoient les tyrans de leur patrie, unit les Spartiates aux Achéens.

Mais s'étant ensuite trouvés divisés d'intérêts, les Spartiates se joignirent aux Romains pour faire la guerre à leurs anciens alliés; ce qui n'empêcha pas les Romains, l'an 146 av. J. C., lors de leur conquête du Péloponèse et de la prise de Corinthe, de les réduire sous le joug de leur empire, comme les Achéens.

Ce pays subit depuis les révolutions de l'Empire Romain, et comme les précédens, il fait partie de l'Empire Ottoman.

A R G O S. 28.ᵉ *Colonne*.

Ce Royaume fut fondé par Inachus
en 1856 av. J. C.; et en 1362 Prætus
et Acrisius, fils de Lyncée, se par-
tagent les États de leur prédécesseur,
et forment le Royaume d'Argos et de
Mycènes. En 1104 ces Royaumes sont
conquis par les Héraclides, mais les
Argiens en secouent le joug en 900 et
se forment en République. Ils tom-
bent en 332 sous le joug d'Alexandre,
et reprennent ensuite leur ancien gouvernement. Ils entrent dans la ligue
Achéenne en 168, et en subissent les
révolutions. Ils font partie aujourd'hui
de l'Empire Ottoman.

SYCIONE. 29.ᵉ *Colonne.*

En 2089 av. J. C., *Egialée*, frère de *Phoronée* et fils d'*Inachus*, fonde dans le Péloponèse la ville d'Egiale, appelée depuis Sycione, qui donne son nom au Royaume dont elle devint la capitale (1). En 1189 cet État est conquis par les Argiens, et en 1104 par les Héraclides. Il retourne ensuite aux Argiens, et suit les révolutions du Royaume d'Argos.

MYCÈNES. 30ᵉ. *Colonne.*

Voyez ARGOS.

---

(1) C'est, dit-on, la première ville qui fut bâtie dans la Grèce.

MACEDOINE. 29 *et* 30.ᵉ *Colonne.*

En 814 av. J. C. Cauranus, de la race
des Héraclides, fonde le royaume de
Macédoine, qui, en 360, devient si
célèbre sous Philippe, et Alexandre
son fils. Non-seulement celui-ci sub-
jugue les différens États qui l'avoisinent, mais encore l'empire des Perses.
Les conquêtes d'Alexandre s'étendent
depuis la Grèce jusques dans l'Inde.

La Macédoine reste à la famille
de ce Prince, ou à quelqu'un de ses
Généraux, jusqu'en 168 avant J. C.
époque à laquelle Persée, qui y régnoit, fut vaincu par les Romains.
Elle devient ensuite province romaine, et en subit les révolutions. Elle
fait aujourd'hui partie de l'Empire
Ottoman.

THEBES. 31.ᵉ *Colonne.*

Cadmus, venu de Phénicie, fonda
cette ville en 1519 av. J. C. ainsi que
le royaume dont elle étoit la capitale :
mais Xuthus, qui descendoit de Cadmus, et règnoit à Thèbes en 1320 av.
J. C. ayant été tué par Métantha, Roi
d'Athènes, les Thébains se formèrent
en République.

Vers la fin de la guerre du Péloponèse en 404, Thèbes tomba au pouvoir des Lacédémoniens, mais Pelo-
pidas la reconquit en 319, et depuis
cette époque elle joua un grand rôle
dans l'histoire de la Grèce jusqu'à la
mort d'Épaminondas, arrivée en 363
av. J. C. Alors s'étant joint à ceux
d'Athènes pour faire la guerre ou résister à Philippe, Roi de Macédoine,
elle fut conquise et forcée de recevoir

garnison macédonienne en 338 av. J. C.
S'étant révoltée après la mort de Philippe, Alexandre en fit le siège, s'en
empara, la rasa, et en emmena les
habitans en esclavage.

Elle se rétablit cependant, et entra
dans la ligue Achéenne, et par con-
séquent porta les armes contre les Romains, qui la ruinèrent une seconde
fois en 145 av. J. C. Elle subit par la
suite le sort des autres villes de la
Grèce, qui toutes tombèrent sous la
domination des Turcs.

Elle fait partie de leur Empire.

T Y R.

32.ᵉ *Colonne.*

Cette ville fut bâtie l'an 1048 av. J.C. par les Sydoniens, chassés par les Edamites.

Elle commença à être connue en 1012, sous le règne d'Hyram, l'allié et l'ami de Salomon.

Elle fut prise en 572 par Nabuchodonassar, après un siège de 13 ans.

En 332 elle fut prise par Alexandrele-Grand, après un siège de six mois; elle continua ensuite d'appartenir aux Rois de Syrie jusqu'en 65, que les Romains s'en emparèrent; elle suivit la destinée de leur Empire.

Après quelques révolutions peu importantes, elle est passée, comme les

autres villes de l'Asie, sous la domina‑
tion de la Porte (1).

---

(1) En 1099 , les Croisés s'en étoient ren‑
dus maîtres ; en 1123, le Soudan d'Egypte
la leur reprit ; mais elle tomba presqu'aus‑
sitôt au pouvoir de Hulaku, chef d'une
horde de Tartares ; elle retourna ensuite au
pouvoir des Souda s jusqu'en 1263, que
les Croisés s'en emparèrent encore ; enfin ,
en 1292, les Soudans d'Egypte la recon‑
quirent, et elle passa d'eux aux Turcs.

TROYENS. *33.ᵉ Colonne.*

Troye, leur principale ville date de la plus haute antiquité ; elle fut fondée en 1546, et est célèbre par le siège qu'elle soutint. Elle fut prise et détruite par les Grecs l'an 1184. Des Tyriens s'établirent ensuite dans la Troade (1).

---

(1) Vers 560 cette contrée fit partie du royaume de Lydie, et en suivit les révolutions.

LYDIE. 34.ᵉ *Colonne.*

Les Lydiens forment une nation très-ancienne, dont le royaume fut fondé par Ardisus l'an 791 av. J. C. et fut gouverné par une succession de Rois jusqu'à Crésus, fameux par ses richesses, sa puissance et ses revers.

En 548 av. J. C. ce Royaume fut conquis par Cyrus, qui assiégea et prit Sardes, qui en étoit la capitale.

La Lydie éprouva ensuite les révolutions de l'Empire des Perses, jusqu'à l'époque où elle fit partie du Royaume de Pergame, qui commença à Philarete l'eunuque. Elle tomba ainsi au pouvoir des Romains, en 133 av. J. C., époque où Attale, Roi de Pergame, leur légua ses États. Elle fit alors partie de l'Empire d'Orient, dont elle suivit les révolutions.

EGYPTE. 35.ᵉ *Colonne.*

Cette Monarchie est une des plus anciennes du monde ; elle fut fondée, dit-on, par Menès ou Misraim, en 2188 av. J. C. Sésostris, un de leurs Rois les plus fameux, y régna en 1485 av. J. C.

Vers l'an 525, cette contrée fut conquise par Cambyse, et quoique le peuple égyptien arborât souvent l'étendard de la révolte, il revint toujours au pouvoir des Rois de Perse, et faisait partie de leur Empire, quand Alexandre y mit fin l'an 332 av. J. C. Depuis l'an 323, l'Égypte passa aux Ptolomées, jusqu'en l'an 30 av. J. C.

A cette époque elle fut réduite en province romaine, et continua à faire partie de l'Empire Romain jusqu'en 640, qu'elle fut conquise par les Sarrasins.

En 933, Mahomet, fils de Tagi, surnommé *Al-Ashked*, s'empara de l'Egypte et de la Syrie, sous le califat d'Al-Radi. Sa famille conserva cette conquête, à l'exception d'une très-petite portion, dont Abdallah-Al-Mohdi, le premier des Califes Fatimites, s'étoit rendu maître.

Son successeur Abu-Temin-Mahoud, surnommé *Moes-Ledinillah*, conquit le reste de l'Égypte vers l'an 968, par l'habileté de Jaawar, l'un de ses Généraux, qui bâtit la ville d'Al-Kahirah, vulgairement appelée le Grand-Caire (1).

En 1412, les Mamelucks, soldats

―――――――――――――――――

(1) En 1176, le dernier Prince de la dynastie des Fatimites étant mort, le fameux Saladin, qui en étoit le Visir, s'empara du Royaume d'Égypte, et commença la dynastie des Ajoubites.

tartares établis en Égypte depuis 1245,
s'en emparèrent, et la possédèrent jusqu'en 1520, que Selim, Empereur des
Turcs, s'en rendit maître; elle est restée depuis aux Empereurs Ottomans,
excepté pendant le séjour qu'y ont
fait les Français sur la fin du 18.ᵉ
siècle (1).

_____

(1) Il faut remarquer pour l'histoire ancienne de l'Egypte, que les enfans d'Israel
y séjournèrent depuis la mort du Patriarche
Joseph, arrivée en 1635 av. J. C., jusqu'en 1491.

En 1445 av. J. C. la basse Egypte fut
conquise par les Chananéens, que Josué
avoit chassés de leur pays.

A cette époque, la haute Egypte étoit
divisée en un grand nombre de petits Etats,
qui furent réunis par Misphragmuthosis,
en 1157.

Alors regnèrent en Egypte les Rois pas-
teurs, ils desrendoient des Chananéens.

En 1070 ils en furent chassés par Amosis.

' Les Beys, issus de Mamelucks, y

Vers l'an 1000, Sesac, que quelques Ecrivains croient être Sesostris, fit de vastes
et de rapides conquêtes, et porta, dit-on,
ses armes jusques dans l'Ilhérie ou ancienne Espagne, mais n'y conserva aucune
possession. Cette expédition est un roman,
quoique de graves écrivains paroissent n'en
pas douter.

En 974 il ravagea la Palestine, la Syrie
et la Perse.

En 947, les Ethiopiens conquirent l'Egypte. En 944 ils se réfugièrent à Memphis, étant poursuivis par Osarsiphns, Roi
de la Basse-Egypte, mais en 930 ils s'en
rendirent maîtres une seconde fois.

En 788 av. J. C. l'Egypte fut divisée en
plusieurs petits Royaumes; en 751 Sabacon
l'Ethiopien en fit la conquête.

En 671 elle fut soumise à Assarhadon,
Roi d'Assyrie, jusqu'en 668.

En 655, Psammeticus se rendit le souverain de toute l'Egypte, en dépossédant
onze petits Princes qui y régnoient collectivement.

possédoient plusieurs petits États dont
le Grand-Seigneur étoit suzerain.

Nabuc-Adon-Assar, Roi de Babylone,
conquit l'Egypte l'an 566 ; mais lorsque
cette Monarchie finit, les Egyptiens re-
couvrèrent leur liberté.

JUDÉE ou ISRAÉLITES.

36.ᵉ *Colonne.*

On dit que les Israélites formoient déjà une Nation lors de leur sortie d'Égypte 1491 ans av. J. C. (1)

Ils furent gouvernés par des juges jusqu'en 1095, que Saül fut choisi pour Roi. David y régna en 1055, et Salomon en 1015.

Cette Nation n'eut qu'un seul Chef, et resta unie jusqu'en 975, époque de la mort de Salomon ; alors dix tribus se séparèrent de celles de Juda et de Benjamin, et formèrent le royaume

---

(1) En 1450 av. J. C. ils prirent possession de la terre de Chanaan, connue dans l'écriture sous le nom de *terre promise;* mais ils furent depuis très-souvent vaincus ou tributaires de leurs voisins.

d'Israël, qui finit en 721, époque où Sennachérib, Roi d'Assyrie, emmena les dix tribus en captivité.

Ceux de Juda éprouvèrent le même sort, ils furent défaits par Nabuc-Adon-Assar, Roi de Babylone, qui l'an 606 les emmena aussi en captivité.

Ce pays subit ensuite les révolutions du royaume de Babylone.

En 536, Zorobabel ramena les Juifs dans leur pays, où ils continuèrent à former un État séparé, mais soumis aux Perses, ensuite à Alexandre.

Les Machabées rendirent ce pays indépendant jusqu'en 61, qu'il devint tributaire des Romains (1).

L'an 640 de notre ère, leur pays fut conquis par les Sarrasins, et réuni

---

(1) Quoique sous le joug des Romains, les Juifs ne laissèrent point que d'avoir des Rois de leur Nation ; mais inquiets et tur-

au royaume de Syrie jusqu'en 1099, que les Croisés s'en emparèrent. Il y eut alors un royaume de Jérusalem, jusqu'en 1187, que le Sultan d'Égypte s'en rendit maître. Les Croisés ayant perdu tout ce qu'ils possédoient dans ce pays en 1291, il continua à appartenir au Soudan d'Égypte, et ensuite aux Mamelucks, jusqu'en 1520. Les Turcs alors s'en emparèrent, et il est encore aujourd'hui au pouvoir du Grand-Seigneur.

---

bulens, ils se révoltèrent l'an 65 de J. C., et furent vaincus par Titus, qui en 70 assiégea et détruisit Jérusalem. Depuis, les Juifs ont été disséminés sur la terre.

ASSYRIE. 37.º *Colonne.*

Le Royaume d'Assyrie date de la plus haute antiquité, et commence en 2059 av. J. C., époque où règne Ninus, et en 2007 la célèbre Sémiramis. Malgré ces noms illustres, il est des Historiens qui pensent qu'il n'est rien de moins certain que ce premier Empire des Assyriens, et qu'il y a tout lieu de croire que les Assyriens ne commencèrent à se rendre célèbres que lorsque Phul releva cette Monarchie, et établit son Empire à Ninive l'an 777 av. J. C.

Cet Empire fut détruit, ainsi que Ninive, par Ciaxarès, Roi de Médie, et par Nabuc-Adon-Assar, Roi de Babylone, vers l'an 606.

Depuis cette époque l'Assyrie suivit la destinée de l'Empire des Babyloniens et des Perses.

BABYLONIE

OU ROYAUME DE BABYLONE.

38.ᵉ *Colonne.*

On trouve dans l'écriture qu'Amraphel, Roi de Babylone, combattoit dans les armées du Roi des Elamites en 1912, et depuis on n'entend presque plus parler de ce Royaume, jusqu'en 680, qu'Assar-Addin ou Assar-Adon, Roi d'Assyrie, s'en empara.

Sous Nabuc-Adon-Assar, cet Empire fut dans sa plus grande splendeur; mais en 538, Babylone fut prise par Cyrus, et alors réunie à l'Empire des Perses, elle en subit les révolutions (1).

_____

(1) Cependant Bagdad bâtie sur le Tygre, du côté opposé à Babylone, située sur l'Euphrate, devint la capitale d'un nouvel Em-

pire, qui fut long-temps sous la domination des Califes Sarrasins.

En 1258 Hulaku, dont nous avons déjà parlé, prit Bagdad, et mit fin au Califat.

En 1534 cette ville tomba au pouvoir des Turcs.

En 1613 Ihah-Abbas, Roi de Perse, s'en empara.

Enfin en 1637, elle passa aux Turcs, qui l'ont conservée.

MÉDIE. 39.ᵉ *Colonne.*

L'époque la plus reculée que nous ayons de ce pays, est celle où l'histoire indique qu'il fit partie de l'Empire d'Assyrie. ·

· En 710 il se rendit indépendant, et bientôt après nous voyons les Mèdes en possession de la Perse, et lui donner des lois.

Mais Cyrus paroît, et en 536 Darius le Mède est vaincu.

A cette époque la Perse a la prééminence, la Médie lui est réunie, et en subit les révolutions.

PERSES ET PARTHES,

Compris dans les Colonnes 34 à 39.

On lit dans la Genèse, que du temps d'Abraham même, Chodorlaomer, Roi d'Elam ou de Perse, étoit un puissant Prince, mais on n'en apprend que cela.

En 596, la Perse est conquise par Nabuc-Adon-Assar.

Elle est ensuite une province du royaume des Mèdes.

En 536, Cyrus devient Roi de Perse, et bien supérieur aux Mèdes, il fonde un grand Empire qui subsiste jusqu'en 332, qu'Alexandre-le-Grand en fait la conquête. Après la mort de ce Prince, il appartient quelque temps aux Séleucides, mais en 256, Arsaces ayant secoué le joug

9

d'Antiochus Theos, fonde un nouvel Empire qui prend le nom de Royaume des Parthes.

En 226 de J. C. Artaxercès par une nouvelle révolution, rétablit l'Empire des Perses. Alors Perses et Parthes ne forment plus qu'un seul et même Empire qui a de fréquentes guerres avec les Romains, sans avantage marqué pour l'un ou l'autre parti.

Les Sarrasins mettent fin à cet Empire, et en font la conquête en 632.

En 545, déjà quelques Scythes, connus sous le nom de *Turcs*, s'emparent d'une partie du royaume des Parthes, et en 1250 ils en sont entièrement les maîtres.

En 1291, toute la Perse subit le joug des Tartares.

Les descendans de Gengis-Khan continuèrent long-temps à régner sur cette vaste contrée, qui cependant fut divisée en plusieurs petites principautés, et dans une grande confusion.

En 1500, Ismaël Sophi, dont les ancètres n'avoient possédé qu'un très-petit État dans la Perse, conquit le Shirwan, l'Adherbijan, et plusieurs autres provinces de la Perse.

Il prit Bagdad en 1510.

Ce Prince donna le nom de *Sophi* à ceux qui regnèrent dans ce pays, et eurent entr'eux des guerres civiles très-sanglantes.

LES SCYTHES.

40.º Colonne.

Les Scythes, peuples qui habitoient le nord de l'Asie, d'où sortirent une infinité de Nations, se répandirent comme un torrent dans les plus belles contrées de cette partie du globe, et possédèrent quelques provinces de la Médie, dont ils chassèrent les Parthes l'an 75 de l'ère Chrétienne. On ne parla plus d'eux. Ils se mêlèrent parmi les Turcs en 545, et parmi les Sarrasins en 632.

TURCS.

Suite de la Colonne 40.

Les Turcs sont Scythes d'origine ; ils habitoient primitivement la grande Tartarie. C'est en l'an 545 de J. C. qu'on commence à en faire mention dans l'histoire.

Cette Nation, qui avoit déjà conquis l'Assyrie et la Palestine en 1040, s'étendit dans l'Asie en 1250, où elle forma différens petits États.

Mais elle ne devint considérable qu'en 1407, sous Othman ou Osman, qui, profitant des dissentions élevées entre les Soudans de Perse et les Sarrasins, fit de grandes conquêtes en Asie et en Europe. Il s'empara de la majeure partie de l'Anadolie, et ses successeurs, détrônant les Empereurs

Grecs en 1453, formèrent l'Empire
Ottoman, qui s'étend sur l'Europe,
l'Asie et l'Afrique, et se compose aujourd'hui des États qu'indique notre
Mappemonde, c'est-à-dire, de l'ancienne Grèce, de l'Asie mineure, de
la Judée, de l'Assyrie, d'une partie
de la Babylonie et de l'Égypte, etc.

TARTARES.

41.ᵉ *Colonne.*

Nous n'avons rien de certain sur l'ancien état des peuples qui habitèrent cette vaste contrée de l'Asie. Mais en 1030 nous voyons des Tartares-Monguls à la tête de différentes expéditions. Ung-Kan, de la tribu des Koraites, étoit un Prince très-puissant, et souverain de la majeure partie de la Tartarie, vers l'an 1200 ; de manière que celle qui ne lui étoit pas soumise en étoit tributaire. En 1202 il fut défait et mis à mort par Gengis-Kan de la tribu des Monguls.

Gengis-Kan fut reconnu Souverain de toute la Tartarie en 1206, époque après laquelle lui et ses fils étendirent leurs conquêtes sur la plus grande partie des contrées orientales de l'Asie.

Tamerlan, qui vint ensuite, forma un Empire encore plus considérable, en ce qu'il embrassa presque toute l'Asie, ainsi que le démontre la mappemonde.

———

INDIENS ou INDOSTAN,

42.ᵉ *Colonne.*

L'histoire ancienne parle peu de cette contrée. Elle nous apprend seulement qu'Alexandre y porta ses armes, et pénétra jusqu'aux rives de l'Indus,

Dans le moyen âge, Mahmoud, Sultan Gaznevide, y fit des conquêtes considérables.

Le Caudahar et le Multan, provinces occidentales de l'Indostan, furent conquises par Gengis-Kan et ses fils, en 1291.

L'Indostan éprouva ensuite plusieurs révolutions, dont les détails particuliers, mais peu intéressans pour des Européens, ne feroient que surcharger notre carte.

Nous observerons seulement que depuis la conquête du Tartare Timur-

Beg, les habitans de l'Indostan furent sous la domination de la dynastie qui régnoit alors en Bucharie.

En 1538, cette dernière partie de l'Inde fut conquise par le Grand-Mogol et depuis cette époque, cette belle contrée de l'Asie essuya quelques révolutions particulières, et fut livrée à des guerres intestines, dont Mentelle a donné un extrait intéressant dans son Cours publié en 4 vol. pendant l'an IX et l'an X.

CHINE. 43.º *Colonne.*

Cette Monarchie sans doute date de la plus haute antiquité ; mais comme beaucoup d'anciens peuples, le berceau de cette nation est entouré d'épaisses ténèbres, que les hypothèses des écrivains de nos jours n'ont point dissipées.

Ceux qui en placent le commencement dans les premiers âges du monde, ont coutume de lui donner Fohi pour premier Roi ou Empereur, et soutiennent que Noé et ce Prince étoient le même individu ; en laissant de côté ces prétendues antiquités, filles de l'orgueil, nous plaçons, d'après le dire des Européens qui ont écrit sur la Chine, la première des dynasties de leurs Empereurs l'an 1767 av. J. C. ; elle est désignée sous

le nom de *Cham ;* et en 1222, la
seconde est celle des *Tcheou ;* après
une suite de révolutions intérieures,
dont il seroit difficile de donner des
détails exacts et suivis, nous remar-
quons que les premiers étrangers qui
envahirent la Chine, furent,en 946, les
Kitans, qui cependant abandonnèrent
quelques parties vers le nord de cet
Empire ; et étendirent leurs conquêtes
d'un autre côté.

En 1117, les Tartares *Kin,* à l'in-
vitation des Princes de la dynastie de
Song, qui règnoient dans la partie
méridionale de la Chine, envahirent
et détruisirent l'Empire des Kitans,
mais en même-temps rendirent les
Songs tributaires.

En 1211 Gengis-Kan envahit la
Chine (1).

_____

(1) En 1234 son fils mit fin à la dynastie

En 1356, Chu, chinois de nation, enleva Nan-King aux Tartares, et en 1368 mit fin au règne des Monguls.

En 1643 les Tartares - Mantchoux envahirent la Chine, et la possédèrent entièrement en 1645. Elle est aujourd'hui sur le trône,

___

des Kins, il attaqua les Songs en 1235, les rendit tributaires en 1260, et fut maître de toute la Chine en 1279, par la conquête du Kublay.

JAPON. 44ᵉ. *Colonne.*

Sin-Onu, qu'on croit avoir été du premier collège des bouzes du pays, fonda, dit-on, la monarchie des Japons, à une époque que le défaut de documens ne nous permet pas d'assigner. On sait seulement qu'il en rendit le gouvernement purement théocratique.

Les Souverains, Rois, et Pontifes, qui, régnèrent long-temps dans cette contrée, sont connus dans l'histoire sous le nom de *Daïris*; leur règne commença, d'après ceux qui ont pénétré dans la nuit des temps, vers l'an 660 av. J. C.

En 1142 de J. C. Jerotimo mit fin à ce Gouvernement, et le rendit purement politique (1).

---

(1) En 1598, les îles de Laqueis furent conquises par les Japonois.

Royaume de SYRIE.

Compris dans les Colonnes 32 et 33.

Zobah et Damas, les principales villes de cette contrée, furent conquises par David, qui ne les conserva point.

En 901 av. J. C., sous le règne de Ben-Hadad, les Syriens furent très-puissans.; mais en 740, Teglat-Pul-Assar, Roi d'Assyrie, s'empara de Damas; et emmena les Syriens en captivité.

En 668 ils se révoltèrent, mais en 606 Nabuc-Adon-Assar les soumit, ils subirent ensuite les destinées de l'Empire auquel ils étoient réunis, jusqu'en 332, qu'Alexandre en fit la conquête.

Notice pour la Mappemonde

Nous ne faisons mention dans cette mappemonde, que du royaume de

Syrie fondé l'an 312 par Seleucus-
Nicanor, le chef des Séleucides, qui
régnèrent après lui; il fut soumis aux
Romains par Pompée l'an 65 av. J. C.

En 634 de J. C. les Sarrasins en
envahirent une partie, et ils en firent
complètement la conquête l'an 640.
Il suivit alors les révolutions de leur
Empire (1).

------

(1) En 1166 Nouradin , Ata-Beck ou Sultan
de Damas, remporta plusieurs victoires sur
les Egyptiens, et son neveu, le fameux
Saladin, ayant été nommé Visir d'Egypte,
s'empara du gouvernement à la mort d'Al-
Aded , le dernier des Califes Fatimites. Il
y établit une nouvelle dynastie, qui porta
le nom d'*Ajoubites*.

En 1259 la Syrie fut conquise par le
Kan des Tartares Hulaku, qui en fut presqu'aussitôt dépossédé par les Soudans d'É-
gypte, qui la reconquirent. Elle fut ravagée
par Timur-Bek en 1400. Elle subit ensuite
les mêmes révolutions que l'Egypte. Ces
deux contrées furent conquises par Selim I
Empereur des Turcs, en 1517.

Royaume de PERGAME.

Compris dans la Colonne 34.

Après la bataille d'Issus, qui eut lieu pendant la guerre que se firent les Capitaines qui avoient commandé les armées d'Alexandre, Pergame étoit tombé en partage à Lysimaque, qui y déposa ses trésors, et les confia à Phileterre l'eunuque, qui avoit servi pendant sa jeunesse dans l'armée d'Antigone, l'un des Généraux d'Alexandre.

Lysimaque étant mort, Phileterre sut se maintenir en possession des États de ce Prince, et eut pour successeur son neveu Eumène, qui conquit sur Antiochus une grande partie de l'Asie.

L'an 133 av. J. C. Attale III mourut, et légua le royaume de Pergame au Peuple Romain, qui eut quelques guerres à soutenir pour s'en mettre en possession ; cet État devenu une des provinces de l'Empire, en subit les révolutions.

———————

Royaume de PONT.

Compris dans la Colonne 37.

Il fit partie de la Lydie, à partir de 560 av. J C. jusqu'en 300, que Mithridate II se rendit indépendant des Monarques de Perse.

Ce Royaume s'accrut considérablement sous le règne de Mithridate VII, qui conquit d'abord une partie de l'Asie mineure, mais ne conserva aucune de ses conquêtes, ayant été successivement vaincu par Sylla, Lucullus et Pompée; à la mort de ce Prince, en 62 av. J. C. ce Royaume tomba au pouvoir des Romains, dont il suivit les révolutions.

Royaume de BITHYNIE.

Compris dans les Colonnes 37 et 38.

Il formoit un Royaume séparé avant Crésus, qui le conquit sur Prusias vers l'an 560 av. J. C. Il suivit ensuite les révolutions qu'éprouvèrent la Lydie et l'Empire des Perses, jusqu'en 332, qu'ils furent conquis par Alexandre-le-Grand.

Peu de temps après, la Bithynie fut gouvernée par ses Rois particuliers, et c'est chez Prusias, l'un d'eux, que se réfugia Annibal, après avoir quitté la cour d'Antiochus.

Nicomède, le dernier de cette suite de Rois, laissa ses États aux Romains l'an 75 av. J. C. Ils en suivirent les révolutions.

Royaume de CAPPADOCE.

Compris dans la Colonne 38.

La Cappadoce fut primitivement comprise dans l'Assyrie ; elle devint ensuite une province du royaume de Lydie, qui passa aux Perses après la défaite de Crésus (1).

Lorsque les Généraux d'Alexandre s'en partagèrent les États, Perdicas se rendit maître de la Cappadoce, et Mithridate, qui s'en étoit emparé, par la suite fut forcé par les Romains à

---

(1) Le premier Roi de Cappadoce dont l'histoire fasse mention est Phainace, Seigneur de la cour de Cyrus, qui, pour avoir tué un lion prêt à se jeter sur ce Prince, alors à la chasse, en reçut pour récompense Atossa, la sœur même du Monarque à laquelle il donna la Cappadoce pour dot.

l'abandonner. Ceux-ci permirent aux Cappadociens de se choisir un Rôi, et celui qu'ils élirent fut constamment subordonné aux Généraux de Rome.

Marc-Antoine donna la Cappadoce à Archelaüs, fils de Glaphyra, l'une de ses maîtresses, et l'an 33 de J. C., à la mort de cet Archelaüs, la Cappadoce fut réduite en province romaine.

De l'Imprimerie de GOUJON fils.

AVIS.

L'Éditeur du PAPILLON n'épargnera rien pour que ce Recueil réunisse, chaque année, les meilleures chansons et les poésies les plus agréables de nos poëtes. On mettra autant de soin dans la partie typographique, que dans le choix des pièces que l'on y réunira.

Les Auteurs qui voudront y faire insérer de leurs productions, sont priés de les faire parvenir, franc de port, avant le premier thermidor, au citoyen GUEFFIER jeune, Libraire, boulevard Cérutti, n°. 21, vis-à-vis la rue de Choiseul.